JN437158

이별 보기와 희망 찾기

이채우 시집

국립중앙도서관 출판예정도서목록(CIP)

이별 보기와 희망 찾기 : 이채우 시집 / 지은이: 이채우. --
부산 : 푸름사, 2018
p. ; cm

ISBN 978-89-94839-21-9 03810 : ₩12000

한국 현대시[韓國現代詩]

811.7-KDC6
895.715-DDC23 CIP2018012959

이별 보기와 희망 찾기

2018

이별 보기와 희망 찾기

이채우 시집

도서출판 푸름사

■ 저자의 말

두 번째 시집을 상재한다.

한 생애는 두 번 다시 오지 않는다. 내자內子와의 인연과 필연의 세월은 하나의 운명처럼 소중히 간직하며 이제 순수한 처음의 나로 돌아가 보다 세상을 넓고 깊이있게 관조하고 싶다.

그리고 현재의 나를 형성하고 더불어 함께하는 모든 분들과의 인연과 정신세계, 그리고 자연을 매개체로 한 시로 새로운 삶과 인생을 조명하며 많은 분들에게 사랑받는 시인으로 거듭나고 싶다. 이 시집을 상재하는 데 마음과 뜻을 함께 해준 가족들에게 무한한 신뢰와 사랑을 보낸다.

여러분의 뜻과 격려를 함께 바란다.

2018년 5월

저자 해월偕越 이 채 우

차례

제1부 이별 보기와 희망 찾기

제2부 밤의 시간을 붙잡고

제3부 고독의 얼굴

제4부 새로운 길

第5부 '껴야'의 목록

제 1 부

이별 보기와 희망 찾기

이별 보기와 희망 찾기

어느 날 문득 방향을 잃었습니다
눈 부릅뜨고 귀 열어 마음 채근해 보지만
나를 단속하는 의식과 교훈은
철옹성 같은 벽속에 감금되고
안과 밖을 분간 못하는 이 벽은
시간과 세월의 길을 한사코 내어주지 않습니다.

저 깊은 나무들의 숲에서도 봄은 올랑가
시간과 세월 지나면
그래도 그대와 함께한 이 세상
파랑으로 빛날랑가

지난 언어들이 스스로 말씀을 나누는 사이
통한의 눈물로 심신을 달래 보지만
살아야 할 이유와 존재의 의미는
도무지 찾을 길 없어
오늘도 잃어버린 지혜의 삶을 찾아
머나먼 이별 같은 문장 하나를 지웁니다

말 한마디가

무심코 한 말 한마디가
이리도 폐부를 찢는 아픔으로
가슴을 허무는구료
생전 무심코 짜증내며
사려 깊지 못한 직설적인 그 한마디 말이
이리도 온몸을 옥죄고 있소

마지막 작별인사 나누며
자책과 후회로 오는
용서받지 못할 그 말 한마디
없는 듯 잊으려 해도
이승에도 없는 당신에게
어떤 위로나 위안이 되겠소

지금도 응어리로 오는
통한의 그 한마디의 말이

삶의 고통

님을 보낸 지 채 일 년도 안된
그 고통의 세월이 너무도 한이 되어
이리도 고통한 인생길을 살아야 하는지
스스로 묻고 또 묻네
반세기의 행복은
어느 한순간 고향 촌가에
머물던 전생의 신기루였을까

꽃 하나 떨어진다
무슨 의미일까
아무도 주목하지 않는 곳에
각혈하며 떨어진 꽃
내 생애에 수많은 눈眼들이 떠다니던 곳에

지난날의 진부한 삶이 더욱 그리워
눈물로 정신을 옮기는 이 하루도
속절없이 한탄만 하다 가는데
고통의 늪에서 벗어나려
소심한 날의 실수로 격앙된 앙갚음처럼
쇠잔한 기력의 나를 더욱 학대하며
잠 못 드는 밤

바다 부채길

정동진 해안 탐방로의
정동심곡 해변길
동해의 검푸른 물결과
웅장한 기암괴석의 비경에
심취한 탐방객들
저마다 꿈과 이상을 북돋우며
동해바다의 탄생의 비밀을 켜듯
더욱 조심스러운데
투구바위는 육발 호랑이를 제압한 강감찬의
동해수로의 비장한 형상으로
부채바위로 떠내려온 여서낭은
심곡의 서낭당에서 더없는 숭배를 받고 있네
전설과 신화로 무장한
바다 부채길 해안탐방로
수수억겁을 포효하는
저 노도는 오늘도 정녕 속내를 보이지 않네

그림자

양지와 음지
달빛 그림자에서도
필연으로 오는 운명 같은 거
제멋대로 친구가 되어
제 모양 모습 길게 늘이고 줄이며
때로는 오만한 자세로
때와 시간과 기회를 무시하고
신앙처럼 나와 함께하는 것

언제나 다소곳이 시간을 역류하며
더욱 또렷이 커지고
미미해지는 형체
이제 나 홀로 가는 게 외롭지 않아
속마음 겉마음 상관없이
바람과 달빛 구름
무시로 동행하며
일상을 함께하는 너는

세례洗禮 목록

새로 태어나고
먼저 죽어야 하고
물에 잠겨야 하고
사악한 몸의 더러움을 닦아내어야 하고
마음 또한 정화시켜야 하고
성부 성자 성령의 이름으로
죄를 씻어 용서를 구하고
지울 수 없는 영적인 인호印號를
새겨받아야 하고
세례명으로 일생을 반추해야 하며
특정한 성인의 이름을 세례명으로 정하고
대부모를 정하여
신앙생활에 정한 도움을 받아야 하고

그리움에 깃들다

나그네 되어 방황과 어깨동무로 떠돌다
파김치 되어 돌아오는 날
실타래처럼 엉킨 오늘의 일상도
시간을 멈추게 하고
그리움을 제자리에 놓고
모든 것을 잊고 살라지만

밀폐된 가슴 공중 높이 열어
은밀하게 돌아오는 세상사를
서둘러 구원해도
텅빈 가슴 안에 결코 떠나지 않는
이 한풀이로 오는 이승
어찌 할거나
모든 것을 잊고 살라지만

대나무숲

군락을 이룬 대나무숲
초록의 빛으로 한 몸이 되어
도도한 강물소리로 어울리다

신라 천년의 영욕과
화랑의 뜻과 기개를 닮았을까
저리도 당차게 서걱이는 소리

오, 더 푸른 지조와 절개로
한결같이 모두 하나 되어
움직이는 저 무리들의 함성
자신의 기개로 몸속을 스스로 비워

오늘 더 푸른 시공의 하늘을 우러르다
비장한 각오로
스스로 의식을 깨우치는
울울창창한 대숲의 메아리
날카로운 시선을 먼 하늘에 두다

연리지 사랑

오월의 잎새는 그리도 푸르더라
신록의 바람 더없는 희망으로
천지를 물들일 때
터질 듯한 심장 겨우 안정하며
그대를 이별하며

진달래꽃 곱디고운 선혈로
온 강산을 물들일 때
새까만 가슴의 모진 응어리 감내하며
그대를 먼저 보낼 때
차마 억장이 무너져

한점 바람의 곡절 많은 참사랑
울며불며 간직하며
고향의 도랑가 하얀 찔레꽃
활짝 무르익을 때
별꽃처럼 단장하고
꿈으로 환시하는 그대 보고지고

때와 시기

생각이 부끄럽지 않게
행동도 마음도 먼저 주눅들지 않게
쉽게 정신을 놓지 않게
하루를 올바르게 사는 일은
언제나 목이 메인다
문득 어쩔 수 없이 비겁하지 않게
삶의 변곡점이 아찔한 순간
내 마음을 묶어두는 것은
하나의 인생 셈법을
영원히 가슴에 화인으로 남겨 두는 일이다
치밀한 계절따라
은밀하게 성숙되는 물꽃처럼
비슷한 것들의 과정을 결코 흉내내지 않게
때와 시기를 적당히 고정한 채
그대만의 인생보기로 승부할 일이다
완성되지 않는 길들은 오염의 근원이 되어
먼 훗날 근심과 고통으로 오나니
더욱 투명해지는 그대의 무늬를
푸르게 푸르게 가꿀 일이다

믿음

그리하여 텅빈 가슴 안의
한번에 끝내지 못할 오랜 얘기와
그리움에 담긴 영혼과
지나간 아픔을 더욱 명료히 간직하리
이승의 여기저기에
크고작은 길들을 내고
의혹의 벽 뒤편의
그대의 숨결 들으며
천천한 새아침이 오듯이
모든 미물들이 잠든 어둠 속에서
오늘도 운명인양
고독과 게임으로 씨름하듯이
어느 순간 여백마다 점령한
우리들의 소원 모두 내려놓고
한 몸 한 뜻으로 휴식하리
그대와 내가 함께
오대양과 육대주를 돌아온 배들로
남해의 푸른 피안에
가만히 닻을 내리듯이

동백꽃

어젯밤에 새로이 산
녹색 이부자리에 자고나니
수많은 핏방울 선명하게
사방 곳곳에 맺혀있고
핏방울 가장자리에
샛노란 떡고물을 머금고 있는
꽃순들의 이파리
어느새
동박새를 거느리고 봄이 왔네

산수유

청아한 계곡물에 목 축인 산새들
부리에 봄소식 꼭 물고
이 산 저 산 계곡따라 목놓아 전하는데
모진 세월 인내하며
여문 노랑꽃등 알몸가지에
폭죽 터뜨리며 신나게 신나게
산기슭에 나붓대는 저 매무새

그 웃는 모습이 기차던
내 여자가 되었던 당신
지금 어디선가 그 모습 보고 있을까
잎보다 먼저 꽃으로 오는 너를
몰래 사랑 주며
길목에서 수줍게
봄을 기다리던 그 여인을

새들의 노래

계곡의 적막한 숲속
새들은 나무와 숲을 옮겨가며
눈빛으로 사랑읽기와 짝짓기하며
하염없이 즐거운데

이 세상에 홀로된 자
누구와 손 맞잡고
사랑노래 불러야 하나

약동하는 숲 흔들어 깨우며
장래의 희망 보기와
행복을 하늘 높이 이야기해야 하나

자유를 노래하며
하루를 치유하며
무한창공을 날며
일몰이면 보금자리 찾아
동지를 트는
새들 무리 한없이 부럽네

오솔길에서 희망을

오늘도 빛의 출구를 향해
발걸음 놓는다
나무들에 포위된 어두운 오솔길을
오로지 적막과 침묵만을 동무하며
명상 안으로 오는 무아를 찾기 위해
인생의 물음표를 던지며
한사코 작은 길을 열어가네

오감에서 오는 외로움과 상실
다 내팽개치고
사랑과 인연으로 살아왔던 한세상
그윽이 간직하며 일어서리
튼실한 야생화의 뿌리들의 근육처럼
간간이 눈빛을 나누다가
날개 돋는 울음으로 솟구치는
저 새들의 비상처럼
처음의 꽃무늬로 부활하리

겨울숲

앙상한 뼈로 알몸이 된 숲속 나무들
그 많던 식솔들 떠나보내고
산을 에이는 바람과 마주하며
이별처럼 서러워하는 지난날들

떠난 식솔들의 목적지 도무지 알 수가 없어
주소록 작성마저도 하지 못한
서러운 이별의 시각 뒤돌아보며
스스로 고통하며 무장한 붉은 심장
부디 가는 길 고통스럽지 않고
편안한 길 되시길 꿈꾸며

앙상한 뼈로 알몸이 된 숲속의 나무들
하나가 된 오롯한 마음으로
서로의 견고한 사랑 당기며
비슷한 것들의 희망 한아름으로
봄마중하는 저- 불의 기도

제 2 부

밤의 시간을 붙잡고

강마을 풍경

강가 마실 그림 같은 집들
도레미…
집들은 음계따라 층층으로 올라가고
강물은 음표따라 층층으로 내려가고
마음은 미파솔…로 시워하고 있네
하늘과 땅
그리고 강과 어우러진 산경들
마을에는 고향 떠나
꿈 이룬 민초들이
웃음꽃 나룻배 타고 환시로 오는데
마실이 마치 악보처럼
강을 오르간 반주에 맞춰
높은 곳에서 낮은 곳으로 차례로 흐르며
솔라시도…
마실은 다시
낮은 곳에서 높은 곳으로 올라가며
도레미… 음표따라 자연과 어울려
한세상 한세월을 춤추는 강마을

밤의 시간을 붙잡고

칠흑같은 밤
바람소리만 적막을 깨우는데
이리도 불면에 시달려 잠 못 드는 밤
정처 없는 인생 나그네길 되새기며
삶의 여정 뒤돌아보며
한세상 꽃 피고 바람 불고 비 오던
세속의 인내들 극복하며 산 세월
수십 번 지우고 다시 쓰며
물 한 모금에 그대 이름 담고
창밖 달무리 보며
스스로 안정해 보는 마음
서서히 밝아오는 여명에
이 밤 새우며 그대와 말없이
무수히 나눈 얘기들
오늘도 붉디붉은 햇살로
점멸 신호등으로 바뀐 그 앞에서
잠시 머뭇거린 열애로
어디론가 아침을 떠나리

은하수

언제나 경계를 지키는
무연한 곡선은 아름답다
밤하늘과 별들과 강
그리고 은하수들 무리

날이면 날마다
무수한 별이 뜨고 지는 하늘과
영롱한 풀잎들의 이슬
만리 밖의 견우직녀는 오갈 수 없는데

우리들이 그리워하는 열애 같은 거
우주의 어디선가
별꽃으로 필랑가
오늘도 너의 몸짓으로 돌아오는
은하수 무리들 보고 있는 이승의 밤

한 인생

자연은 영원한가
필시 언젠가 모두를 버리고 떠나는 것
떠날 때를 미리 아는 것이 더욱 거룩한 것
겨울밤 고요가 깃을 내린 밤
일체의 물상들이 스스로를 위안하며
스스로를 보존하는 시각

거리엔 무수한 상처로 얼룩진
처참한 몰골의 낙엽들
원망과 질곡으로 생을 마감하는데
이 계절 무엇을 원망하리
떠나서 더욱 거룩하고 공평한 건

처음의 올곧게 맹세한
꽃무지개 같은 희망
지금의 그 모습 진정 자연의 섭리일진대
이제 모든 원망 거두시네

저건 무엇일까
아직도 꿈인듯 생시인듯
나부끼는 저 깃발같은 증언들은

봄비

갈증으로 목마른 대지를 깨우며
초록을 꿈꾸는 계절의 변곡점에서
추억의 아릿한 편린들
물 맑은 여울 소리와
새들의 합창소리 들으며
내 마음 밀폐된 과거를 용해하며
봄비 내리네

등 굽은 노송 하나
먼 하늘 향해 시위하며
헛기침하는 하오
나그네 마음 호올로 술로 익어 가는데
무릇 그가 기리는 것은
기별로 오는 알맞은 연인의 소식일까

한 소설 늦게 오는 봄비소리에
아득한 기억 저편의
그대 맑은 얼굴 보고지고

홀홀 쓸쓸

정녕 말이지
홀홀은 쓸쓸하고 외로운 것인가

해도 홀
달도 홀
지구도 홀
하느님도 홀
얼굴도 마음도 정신도 홀

그래서 나도 홀
어쩌면 이 세상
그 많은 홀홀도
정녕 표식나지 않게
모두들 홀홀로 잘들 살아가는 것이
이상도 하지

가을의 고독

단풍잎 붉게 오는 시월은
나그네 가슴의 철늦은 연서처럼
이리도 심금을 울리는데
몸짓으로 먼저 오는 침묵의 언어들
그대와 함께한 밀월의 한시절
차마 못 잊어
소슬바람에 한잎 두잎 떨어지는
나무들 잎사귀 보며
추락하는 나의 현재를 본다

하나의 고요로 오는 저 밝음
한 속박 안의 마음 안에
그래도 우매한 자유가 있었던가
이제 한세월의 울음소리 잊고
내 안의 나를 우러르며
시작의 축복을 보리
모든 각도에서 정연한 위치에서
이룩하는 저 새들의 입신처럼

달빛 추억

동해의 어둠속 수평선 원처에서
어둠 밝히는 달빛이 굴절되어
깊어가는 밤의 적막 속에
정동진에 멈춰선
선 쿠르즈 전망대에서
한세상의 그윽한 추억을 보네

동해의 물비늘 속으로
처연한 명상으로 드는
밤바다의 저 은은한 달빛 심연
파도는 자꾸만
기약 없는 님의 목소리로 와서
귀 기울이면 이미 환청으로 멀어지는데

이 밤 그대 기리다
유령처럼 멀어지는 잠속의 꿈에서
오늘도 날카로운 맹수의 소리로
하루를 포효하다

피정避靜

고립되어 있는 섬 같은 이곳에서 마음 집중하며
새로운 세상의 등불 찾는 이들이 함께하는 곳
사랑과 배려가 결핍되어
스스로를 옥죄이는 현실을
감당하지 못해 이곳을 찾았네
어둠의 광야에서
사십여 일간의 단식기도로 발아된
참 신앙의 꽃으로
세상의 소금과 빛으로 숙성되는 기적 보았네
병든 마음과 육체를 청정한 몸으로
영원한 삶을 찾아 멀고먼 어둠의 길을
작은 걸음으로 푸른빛 찾아
세상의 모든 것 잊고
새로운 삶과 정신으로 다시 태어나는 이곳

정월대보름

만삭의 몸이 된 얼굴 내밀고
푸른 산을 이웃한 실개천의 정겨운 동네
마당엔 신나게 농악대 깃발이 춤추는구나

알몸의 추운 들에는 지신밟기와 쥐불놀이로
온도계의 눈금 높이며
빙글빙글 돌리는 깡통의 불은
논두렁을 뜀박질하며
혹은 농로와 둔덕의 벌레들 태우며
부럼으로 상처를 치료하고
청주로 귀밝이 청소하며
손두부 입에 넣고 더위 파는
만삭이 된 달 보며
연 날리기로 액땜하며
소원성취 기원하는 보름달

지구의 꼭짓점에서
온 누리를 비추이는
정월대보름

삼척 죽서루

경이와 신비의 기암괴석
오십천 수정 같은 물이
비단처럼 감싸고 굽이굽이 흘러
세월처럼 닳은 자연 암반
누각을 힘겹게 짊어진 기둥은
조선 오백년을 굳세게 지키고 있네

숲속 죽장사竹杖寺는 어느덧 자취를 감추고
절벽 위의 누각은 푸른 강물에
동해로 유유히 떠나가는데

풍류 체취 물씬 묻어난 관동팔경
제일 누각이라 스스로 뽐내고 있으나
누가 알으리
수십 개의 시판과 현판은
당대의 민초들의 애환을 깊이 간직하며
하나의 역사로
애증과 물음표 가득한 시선으로
오늘을 보고 있는 것을

겨울나무들

아직도 무섬증의 광폭한 바람
나무들 숲들 흔들며
저리도 맹위를 떨치는데
한정된 수액으로 뼈만 앙상하게 남은
몇 잎의 나무들로 지탱하는
풍경이 너무나 안쓰러워

저마다 소원 빌며
가슴속 무거운 짐들 내려놓는구나
있는 듯 없는 듯 지난 회상들로
얼굴 붉히며
유곡의 물소리와 매서운 바람소리에
불평으로 하루를 지새워도

가만가만 오는 봄소리 이미 들녘을 지났을까
능선의 계곡 꽃얼음 풀렸을까
나무들 물구나무서기를 하며
기다리는 봄마중

공허

한가위 가족 한 자리에 모였는데
아내는 집 어디에도 보이지 않아
온몸 허전함으로 맥없이 피곤한데
몸부림으로 오는 절규는
간절한 그리움뿐인데

어느덧 차례를 지낸 피붙이들
썰물같이 빠져나가고
밤 귀뚜리 소리에 자꾸만 눈물이 나

가까운 바닷가에 갯벌 위
빈 하늘 향해 솟구치는
새 한 마리 보네

아, 소싯적 뒤란에
겨우내 한 추위에 소리죽여 울던 봄 화초들
그 모두가
날개 돋는 희망 하나를
근처에 두었던가

동박새

자식 없는 포악한 왕인 백부伯父가
왕위를 물려주지 않으려고
조카 둘을 죽이라고 명령받은
애비가 제 아들을 차마 죽일 수 없어

스스로 붉은 피 토하며 자결하였고
두 아들은 그 모습에 놀라
각기 한 마리의 새가 되어
무한창공을 날았네

영겁의 세월 흐른 뒤
애비가 동백나무로 환원하자
날아갔던 아들새들이 돌아와
지극 정성으로
그 나무 곁을 지키며 오늘에 이르러

혈연의 가족 사랑의 징표로
동백나무에서 떠나지 않는 그 새를
동박새로 이름 지었다네

마음의 빚

사십여 년을 자신을 희생하며
오로지 나의 존재를 일깨워주던 사람

나의 이름 석 자를 위해
평생 나의 그림자가 되었던 사람

홀연히 떠난 자취에
암울한 생각과 고통으로
꿈인 듯 생시인 듯

이를테면 꼭두새벽에
눈물 한아름으로 오는
그대의 넋을 기리는 밤

홍매화

산촌의 집마당의 매화 한 그루
선혈로 물든 꽃 한 송이 피우네
몹쓸 지병으로 떠난 지아비 못 잊어
봉분 앞 가장자리
통곡하며 지성으로 피운 꽃
한없는 생경한 애증에
하늘도 감동하여
그 눈물로 오열한 바로 그 자리에
매화나무로 꽃 한송이로 돋아나게 했네
영겁의 세월 지나
어느덧 휘파람새가 되어 봉분을 지키는 여인
오늘도 홍매화와
산촌의 전설이 된 그 꽃

제 3 부

고독의 얼굴

고독의 얼굴

지독한 놈
그림자도 없고
모양도 형체도 알아볼 수 없는 놈
검은 얼굴로 변신해
밤의 고요 속에 깃든 나를 유혹하여
과거 속으로 유인하며
더욱 잠 못 들게 하는 놈

모든 것은 그리움에 가슴앓이로 사무치는데

이 밤 끝이 보이지 않는 이놈은
언제나 앞뒤 분간 없이
죽자살자 나만 작살내려나
불면으로 퀭한 눈은 이미 새벽인데
언제나 나를 잠식하려는
가면 쓴 우울 같은 이놈은
이 밤 격노한 꿈으로 나를 무너뜨리다

사랑의 향기

피로가 축적된 하루 일을 끝내고
오갈데 없어
얼른 집으로 돌아오네

텅 빈 집엔 아무도 없고
아이들마저 제각금 둥지로 떠났네

모든 것 허전하여 도무지
나 혼자 못살 것 같아
온갖 궁리로 안정시켜보네

침실 벽에 걸어놓은 유자 다섯 개의 가지
네 개는 이미 떨어지고
서러움에 겨운 듯 지친듯
달랑 한 개만 홀로 향기로 오네

하나 더 있으면 그 향기 더욱 그윽하리
부부 함께 하는 인생 여정
그 향기 이리도 가슴 에일 줄 몰랐네

대금굴 가족

오억 년이 넘은 나이테로
오늘을 포효하며 내뿜는 물보라
동굴 암반을 뚫고 나온 저 괴력으로
물골 계곡의 신비와 함께
은하열차는 칠흑의 동굴 제일에서 달리고
관광객들은 별무리와 속삭이며
신비스런 수족들의 비밀을 열어가는데

비룡폭포는 장엄한 울음소리로
종유석 커튼은 천정의 눈물로 떨어지고
휴석소는 방해석 침전의 작은 호수로
우리를 제각금 반기는데
생명의 문은 음양의 조화로
용소부 잔교는 물체험하는 곳으로
태초의 신비와 함께
오늘도 물 맑은 경이로 오네

낙엽이 가는 길

찬바람에 온몸을 맡긴 채
모두들 떠나는구나
목적지도 보호막도 없이
애미 곁을 떠나는 자식들처럼
분별없이 이곳저곳 떠돌아도
언젠가는 흙이 되고 먼지가 되어
자연으로 돌아올 수 없는 것

끝없는 우주를 유영하는
저 혼령들의 끝없는 저주로
오늘도 시야에서 멀어지는 운명의 잠
자연으로 돌아올 수 없는
일찍 온 잎들의 곰팡이
이미 영혼을 빼앗긴
마지막 여정길

어떤 여인의 눈물

이십여 년 전
남편을 뇌출혈로 여의고 홀로 된 여인
지난 세월 반추하며
오늘도 명상에 젖어
반백의 머리에 수많은 주름살
모진 세월의 질곡에
행복했던 순간의 궤적 밟으며
한 시절의 꽃무지개 추억에 젖어보는
등불 켜는 밤이 오면
통곡으로 절규하는 인생 가시밭길
옥죄어 오는 지난날이
수인처럼 부끄러워
긴긴 겨울밤 다소곳한 운명에
그리움 지다

빈 의자

빈 의자 하나
임자 없이 쓸쓸히 놓여 있다
어두운 표정의 나목들과
하루를 지나는 바람과
무언의 대화와 시간을 챙길 뿐

오늘도 주인 잃은 빈 의자는
허무의 애간장을 끓여 놓고
짐짓 모른 체 딴청을 하고 있다

내 안 보는 사이 스스로 한 고독처럼
그림자로 앉아보다
스스로 놀라 깨어나다

그리하여 한 고요로 떠나보는
이별의 아픔을 되새기는
참으로 긴요한 시간
언뜻 창밖으로 떠나는 추억들 잡아보지만
오직 밤하늘의 공기 한 줌
그의 손안에 온기를 나눌 뿐

스스로를 고문하며
홀로 있는 빈 의자 하나가

하루의 시작

어둠이 기지개를 펴고
여명이 눈을 뜨니
몸도 마음도 함께 열린다

호젓한 산길에서
나무와 숲들과
청정한 공기 한아름으로 인사로 뵙네

마음과 몸과
서러운 명상도 함께 아침을 옮겨가며
모두 하나가 되는 이 아침
인자하고 넉넉한 인생길
감읍하며 다시 열어보는 날

먼 숲속의 새 한 마리
천년을 울음 울듯
고요를 벗삼아 풍경으로 지다

머리에 비 맞고

참眞 비가 머리를 적십니다

닭은 한밤 깊은 적요 속에서
고요의 깃을 벌리고 알 낳으며
혁신을 외칩니다
 "알이 스스로를 깨고 부화하면
  병아리가 되고, 알을 깨지 못하면 하나의
  먹거리로 치부된다고"
혁신을 핏대 세우며 목메어 외칩니다.

이 세상에 변화하지 않는 것이 무엇이리
누군가 안과 밖에서 부르는 가쁜 숨소리

혁신의 참眞 비가 차가운 머리를 적시는 하오

마음의 등불

대한의 동장군
마음 꽁꽁 얼어붙게 해도
그리움의 가슴은
새카맣게 타들어 가는데

건너뛸 수 없는 어둠까지
이리도 꽁꽁 묶어둔 몸

산촌의 미욱한 불빛 하나
서서히 새벽을 걷어내고
이 아침 나그네길 열어주네
아직도 미명인데
산촌의 외로운 등불 하나가

이슥고
내 안의 그림자를 모두 지우며
홀로 서라 한다

그 연인

산촌의 한 고목 능금나무의
하얀 꽃들의 유월

그 중 청정한 결실로 무르익은 능금 하나가
땅에 떨어졌습니다
아직도 신록입니다만
벌써 가을맞이 여정을 준비합니다

시작은 곧 끝이라
길섶에 떨어진 빠알간 능금 한 알을
언뜻 천사가 주워갑니다

지상에서 몹시도 그리운
인연의 한 사람
그렇게도 서운하게
하늘나라로 떠나
기약없이 천상의 별이 되었습니다

회상

지친 그리움
몸의 중심을 잃은 생활 보기

햇살에 들킨 그리움은
텅빈 가슴의 뼛속 고통으로 무시로 오는데
체념의 그리움은
오늘도 하늘의 별이 됩니다

무형의 그리움 안고
가슴속 깊이 뿌리로 남은
이 절절한 사랑 하나
차마 영원히 지울 수 없어

오늘도 생애를 다한 절박한 심정으로
하나의 전언으로 말씀을 나누는 사이
이리도 가슴이 미어져
절벽같은 생각 하나로
나를 흔들어 깨웁니다그려

희망의 빛

내 마음의 침실에
별빛 초롱초롱한 어둠이 내리면
등불 하나 켜는 심오한 마음으로
현세의 고통과 업보 모두 불태우고
꽃봉오리 하나로 다시 태어나
오래 오래 간직된
근사한 날들만 헤아리리

통한의 정情

그놈의 몹쓸 정 때문에
그 고통의 여한 벗어나지 못하고
이리도 꿈을 잃고
영원한 허망 속에 빠져
불면의 밤을 지새우며 통곡해도
내면의 세계는 꿈쩍도 않고
꿇어앉아 손발 닳도록 빌고 애소해도
통한의 세월은 이리도 답답하구나
마음은 정신을 놓고 구름처럼
허공만 떠도는데
어이 하리 이리도 가슴이 미어져
종일 눈물로 오는 지금은
그놈의 찰거머리 같은
통한의 정 때문에

백두산 천지

백의민족의 영산 천상의 호수엔
고산 야생화들이 길이 빛날
민족의 위인들 호명하며
두 동강난 조국 하나 되라 한다

저 우람한 침엽수들의 곧은 절개처럼
수수억겁의 세월 세월 지키며
겨레의 피와 혼으로 혈관처럼 달려온
두만강, 압록강, 송화강으로 흘러
선조들이 군마를 타고
만주벌판을 호령하던 정기로
어서 하나로 온전히 빛나라 한다

배달의 자손
우리들의 기백을 깨우며
두 동강난 조국 어서 하나 되어
동방의 빛 되라고 한다

불면의 밤

매서운 한파의 지독한 밤
칼바람 앞세워
동장군과 함께 나의 침실을 침노하여
옴짝달싹 못하게
불면으로 잠 못 들게 하고

과거의 후회와 자조를
밤새도록 눈물로 고백시키고는
전신에 홍건한 땀으로
녹초가 된 나를 팽개치고

동 터오는 미명
의기양양하게 떠나는구나
이 몹쓸 놈아

이미 잠은 천리 만리 달아나고
내 이름은 어디에도
간수할 수 없구나

한 마리의 새가 되어

새카맣게 탄 가슴은
오늘도 올올이 그리움에 사무쳐
그대 손때 묻은 옷가지와
살림살이 만져보지만
전도되는 당신의 체온을 느낄 수 없어
언뜻 마음 안으로 오는
그대의 체취뿐

목말라 타는 가슴 가눌 길 없어
눈자위 이리도 시린데
꿈결에서나마 듣는
천상의 그대 목소리
오늘도 한 고독같이
하루를 무늬 지누나

영혼을 빼앗긴 새벽의 행성들이
연기 서열로 늘 주검 가까이 있듯이
그대 가까이 있던 새 한 마리
나의 의식을 깨우는구나

제 4 부

새로운 길

가을밤의 우울

밤새 적요를 벗삼아 울어대는
귀뚜리 소리 곁으로
새벽을 깨어있는 별 하나를 보다가
허방에서 발원하는 뭇생각들을 다스리다
내면의 고통 잊으려
그대 손짓으로 목메이게 부르는데

보일듯 말듯 언뜻 내안에서 멀어지는
그대의 잔상은
순식간에 빛으로 소멸되고
서러움에 겨운 이 밤도
내일의 나를 일으키듯
오늘도 그대 밖에 나와 있는
꿈길을 나란히 걷는다

나무들은 높은 곳에서
하늘에 닿는 분주한 연습으로
하나의 위선으로 시간 속을 거닐며
곡절없이 불안을 천천히 살피는 밤

스스로를 비우다

기대는 늘 앞서 가지만
이제 더 이상 외로워하지 말자
더욱 쓸쓸하면
파란 하늘에 떠다니는 구름처럼 자유롭자
가이없는 하늘 빈자리에
둥지를 트는 그들의 평화처럼

아무리 작은 공간에도
나 하나만의 비밀한 출구를 위하여
비밀한 통로 하나 가꾸며
소소한 세상의 물음들을 떠나보내고
온전한 정신으로
오늘의 기상을 보며
여유 하나 갈무리해 보자
아직도 약속을 참견하는 비밀처럼

보릿고개

유년시절의 그 힘든 고난의 계절은
노랗게 부황뜬 아이들 얼굴과
핏기 없는 하얀 엄니 모습과
식솔들 거느리느라 검게 타들어간 아비의 고뇌
어찌 그 피울음 알랴

어린 소나무 난도질해 송진 얻고
고랑가 찔레순 아주까리잎
한길가 여린 버드나무순
모두가 공복의 배를 채우던 시절

그 고개 넘기가 너무나 버거워
한적한 산골짜기 작은 들에도
보리 익기를 노심초사하던 우리의 선조들
굶주린 배 움켜쥐고 차마 잠들지 못해
오직 하늘을 원망하며
시련과 고통으로 얼룩지던 그 시절

우리들의 마음 위로 교감을 나누는 환상처럼
구차한 간밤의 해몽이 지나갔다
정성을 다하면
언젠가 깨어나는 건강한 승리를 추억하듯이

봄을 기리다

산사山寺 깊은 숲속의 동박새는
밤이 이울도록 동백나무 정수리에 앉아
애비의 피눈물로 울어대고

까치는 이른 아침부터 동구밖을 지키며
하루를 반갑게 인사하는데
아침을 먼저 만나고 온 먼 산바람의
메마른 갈색잎 하나
아까부터 내 발부리에 앉아

긴밀하게 나누는 잎사귀들의
푸른 눈들이
하나의 몸짓으로
하루의 속셈을 달래고 있는
강변의 봄

잃어버린 우산

비 오는 2월의 마지막 날
텅빈 허무의 가슴으로
결혼 41주년을 맞는다
우매한 정신은
자꾸만 잃어버린 우산을
추억처럼 펴보며
이미 눈물이 된 우동천川의
산책길을 나서는데

왜 이리도 나는 홀로일까
그리도 단단한 40여 년을
하나의 우리를 순식간에 허물며
나를 홀로 버려둔
신神의 실수는
몇 세기 지층 건너
아직도 귀속되지 못한
지구의 울음으로 그대를 달래고 있는가

안개꽃

은은하고 자그마한 하얀 송이 송이의 꽃
언제나 자기를 들내지 않고
조금씩 조금씩 빛을 더하는 꽃

무수한 꽃들 사이에서 있는 듯 없는 듯
청초하고 수줍게 세상 보기를 하는 꽃

꽃잎마다 수수한 차림 차림
겸손한 웃음
잔잔한 물결로 어울려

언제나 마음 안에 향기로 다가와
서로가 하나이듯
천사의 웃음으로
내 안에 밀월로 오는 꽃

황산 비취계곡

소나무와 대나무가 무리지어
숲과 계곡을 이루고
비취물 물빛으로 연인들의
영원한 사랑을 약속하는
'정인곡' 이란 애칭을 몸에 지녀
계곡 곳곳 쇠사슬에 묶여
사랑의 열쇠로 채워진 채
이별 없는 사랑과 가정의 화평을
기원하는 곳
계곡 사이의 산과 능선을 연결하여
아찔한 외줄타기 공중곡예로
긴 장대로 자전거에 몸을 맡긴 채
어우러진 세 사람의 아슬한 묘기로
태초의 신비를 건너는데
봉우리마다 날개 없는 새가 되어 다가오는
저 비취색 빛깔의 비경
우매한 세상의 편린들을 깨우는데
나의 근황도 유언이 되어 돌아오는
잉여 시간마다
메아리로 돌아오는 오늘의 증언이여

보낼 수 없는 편지

연초록 가지마다
폭죽 터뜨린 산수유와
선명한 핏방울로 지아비를 기리는
동백과 붉은 해를 삼킨 앞산의 진달래는
올해도 선명한데

그대가 애지중지하던
'균이' 와 '리' 가 벌써
초등학교와 유치원생이 되어
하늘나라로 간 당신을 데려오라며
떼를 쓰고 있소

이 한밤을 새운 닿을 수 없는
이승의 사연들을 눈물로 보내오니
별빛 실은 애소의 이 편지를
달빛사랑 가득 실어
꿈속으로나마 꼭 보내주오

아직도 꽃순처럼
속살 깊이 어울리는
지상의 피붙이들을 위해

새로운 길

내 마음의 헝클어진 무성한 숲은
계곡과 산고개를 넘고 넘어 산촌으로
가령 처음 보는 푸르름의
오늘 이후의 내가 가야할 새로운 길은

이름 모를 야생화 피고지고
산새들 더욱 자유롭게 날고
처음처럼 물 맑고 향기로운 곳

몸 밖의 경계와 기억들을 지우며
새로운 삶과 희망 찾아
강과 마을 둔덕을 넘어 산촌으로

다소곳이 내 안에 명상을 지킬 수 있는
아무도 보지 못한
파랑의 나무들이 처음처럼 반겨주는
마침내 꽃불로 타는 노을이
산촌인 그곳으로

가을비

을씨년스럽게 내리는 가을비는
산기슭의 운무와 함께
시야를 가리며 오늘도 종일 내려

서늘한 마음 안에 침묵을 깨트리며
보일듯 말듯
그대 면전을 지나며
소소한 그리움에 목마른 듯
추억처럼 나려

무시로 떠오르는
그 연리지의 사랑 맹세는
형체도 없는 그림자이듯
불현듯 사라지고
비 비는 붉게 타는 단풍들을 적시며
이리도 종일 서럽게 나려

내 안의 불안을 떨어내며
유령처럼 잠속을 헤매이며
심장을 할퀴는 비 비는 계속 나려

언어 이야기

지금 몹쓸 언어들의 추억이
너와 나의 면전에 떠다니고 있다

너와 내가 혹은 우리들이
일순간의 기분으로 나눈
언어들의 뿌리들
하루의 변명과 구차한 경배 속에서
구름에 달빛 지듯
하루 24시를 통증을 앓고 있듯이

생경하고 어둡고 혹은 아득한 곳
미리 살피지 못한 우리들의 이유와 함께
나와 네가 애증처럼 갈무리하던 언어들이
오늘도 회색 꿈을 꾸며
하나의 증언처럼
이 세상의 임자가 되고 있다

나무들의 증언

떠나야할 때가
언제부터인가 아는 때부터
나무들의 뒷모습은
가장 아름답게 선혈로 물든다
존재와 삶의 의미를
미련없이 비우며
언젠가 이별할 때를 아는 나무들은
몸의 무게를 조금씩 내려놓으며
가장 아름다운 속내를
낭자한 선혈로 열어보이며
떠남으로써 더욱 거룩하고 인자한
저 자비 같은 공손으로
부피를 줄이며
한때의 푸르른 심장을 증언하며
거룩한 생生의 중심에 선다

한가위 빈 자리

서늘한 침묵의 빈 자리는
언제나 호젓하다

가눌 수 없는 아픔과 슬픔이
한없이 그리운
사랑의 체온으로 전도되었을 때

존재의 소중함은
비로소 떠난 후에야
기별로 오는 것을

언젠가는 길을 묻고 또 물으며
그대 찾아가리
처음의 수줍은 아릿한 추억 더듬으며
단단한 뿌리의 우리 사랑 기억하며
길 없으면 새길 만들어서라도
기어코 찾아가리

습관처럼 내 안을 점령하며
목이 메던 사랑이여

방황

어둠속에서도 나무는 제자리에 있고
산속 바위도 둘레를 온전히 지키고
오늘도 정연한 위치를 지키며 서있는 가로등
하지만 나는 왜 이리 하루의 시간을 헤매는가
계절은 때와 시기를 따라
꽃을 피우고 잎을 다스리며
자연의 순리로 화목한데

종일 나그네와 같이
목적지와 방향을 찾다
스스로의 존재를 잃어버리는 나는
지금 인생의 어디쯤일까
스스로에게 물어보는 날
이를테면 나와 함께
하루를 서성이는 모든 것들과
하루를 함께 어울릴 날들은 언제일까
나의 투명한 정신 안에서
은밀히 나를 고문하는 날

바다 열차

삼척에서 정동진 가는 막열차는
태고의 동해 비밀을 간직하고
신나게 여정의 레일을 재촉하고
움직여서 세월의 아픔을 더하는 시각은
심연의 깊은 바다와 함께 저물고

매일 행운의 숫자로 일곱 번 반복하며
한바다의 꿈을 안고 달리는 열차는
한 사랑의 추억으로 눈물로 오는데

정동진 시간에 멈췄던 모래시계는
백사장과 동해의 수평선의 파도소리 들으며
검푸른 파도는 한사코 울어 쌓는데
초가을 밤바다로 하루를 마무리하는
바다의 열차는 오늘도 한사코
너와 나의 울음으로 밀물과 썰물로 오는데

한식寒食의 유래

춘추시대 내란으로 망명생활 중
진문공晉文公이 굶주려 병으로 다 죽어가자
그를 살리기 위하여 자신의 허벅지살을 제공한
공신 개자추介子推를 아는가
자신의 공을 드러내어
자랑하는 아첨무리들을 한탄하며
자연 속에서 짚신 삼고 나물 캐며
청빈한 삶으로 어미와 함께
산속 깊은 유곡으로 꽁꽁 숨어버린 그를
산에서 나올 것을 회유하여 불을 질렀지만
모자와 함께 타죽은 그는
세세연연 영겁의 세월을
추앙받는 충신으로 자리매김하고
그가 불타 죽은 사월 오일을 기리어
집안에 불을 못 피우게 영을 내려
온 나라가 찬밥을 먹게 된 이 날을

제 5 부

'꺼야'의 목록

'꺼야'의 목록

이젠, 더 이상 약해지지 않을 꺼야
이젠, 고독하고 외롭다고 하지 않을 꺼야
이젠, 더 이상 슬퍼하거나 눈물 흘리지 않을 꺼야
이젠, 혼자라고 결코 기죽지 않을 꺼야
이젠, 절대 죽겠다고 용심을 부리거나 응너리하지 않을 꺼야
이젠, 어떤 경우든 희망과 미래를 버리지 않을 꺼야
이젠, 더욱 강해지고 단단해질 꺼야
이젠, 어울려 살며 행복만 바랄 꺼야
이젠, 기쁘고 더욱 즐겁게 살 꺼야
이젠, 오직 살아야 한다는 희망만 가질 꺼야
이젠, 행복하고 좋은 것만 생각할 꺼야
이젠, 아예 불행은 근처에도 못 오게 하고
이젠, 더불어 함께할 것만 생각할 꺼야

독버섯 무리

여인의 가슴을 무참히 점령해 가는
저 검은 독버섯 무리들
보이지 않는 저들을 절대 살려주지 마오

어찌 그리 몰랐을까
당신의 영혼을 무참히 좀먹던 악의 무리들을
끝내 그 검은 무리들에 굴복하고
설핏 꽃으로 승천한 당신
무심한 밤하늘의 별들에게
시공간을 초월한 만남을 애걸해 보지만
대답 없는 메아리만
억장을 무너뜨리는구료

강산에 새봄은 또 다시 와
여문 귀 닫고 함초롬히
꽃으로 피는 오월의 봄 속에
악몽을 나란히 걷는 나를
그대는 시방 보고 있을까

일출

– 정동진

정동진에서 타오르는 저 장엄한 광경은
동해 아침의 불덩이를 잉태한 시각
그 모습 누가 감히 앞서 보았는가

무릇 영겁의 시작에서
소소한 별리의 기원에 이르기까지
민초들의 고통과 태곳적 처음 열린 햇살
마주 보는 희열 그대는 아는가
희망의 용틀임으로
어머니의 자궁에서 한세상의 꿈으로 포효하던
고고한 그 울음소리
오늘 자연의 순백한 차례로
우주의 몸짓으로 오는 저- 희열을
그대는 보고 있는가

서로가 하나의 피붙이듯
이 강산에
오래도록 머물던 그 희망의 시각을
저홀로 황홀하고 수줍은
꽃순들이 함께 여울지던 장엄한
지상의 여명을

마음으로 오는 향기

의기소침한 마음 둘레에
늘 너는 향기로 온다
눈 꼭 감고 얼굴 가려도
투명한 맑은 언어들 거느리고
유년시절 내 안에서 꿈꾸던 희망으로
두 눈 꼭 감고 얼굴 가려도
가슴 안으로 먼저 오는 너의 모습
어찌할 거나
언제 어디서나 나를 지키며
나의 혈관 속에 떠도는
너와 나의 인연을
차마 어찌할 거나

황혼 · 1

해질 무렵의 노인 부부
익숙지 않은 도심의 공원 벤치에
하얀 무명 보따리 꼭 껴안은 채
서로의 물음을 건네며 다정한데
영감의 주전부리일까
손주들의 선물일까
아니면 정성껏 새봄을 켜온
냉이랑 달래일까
하나의 풍경으로 지는 노을 속

이쯤 딸은 "하마 오실까"
일각의 시간마다
감꽃 주워 먹던 소싯적 생각에
스스로 눈시울 붉히며
아비 어미의 저녁 식사 준비에 겨를이 없는
저녁 무렵

황혼 · 2

땅거미 긴 일몰
산촌의 계곡길 따라
가시밭길 삶 얘기하며
거북걸음으로 힘겨운데

은은한 달무리
어느덧 친구로 앞서 가는데
조심조심 지팡이 짚고
서로 꼭 잡은 다정스런 손

오늘 하루도 이승의 삶이라
더욱 감사하며
눈시울 더욱 붉힌
황혼의 노부부
몇 마장 앞길이
신음처럼 멀다

참사랑

인연과 필연으로
한 운명으로 살아온
인생 40여 년 어찌 잊으랴
함께한 거룩하고 인자한 사랑
그대 떠난 후 비로소
하늘이 베푼 운명의 소중함
알았네

맑고 청정한 새벽녘의 하늘 보며
어디선가
맑음의 지고한 향기로
나를 지켜주고 있는
그대의 숨소리 듣네

함께한 자취와 흔적 아래
그대에게 못다 한 사랑 전해 주듯
새벽하늘 보기로
새 한 마리 도약하는데
나는 아직도 서러움에 겨워
오늘 이후의 나를 가늠할 수 없네

밥상머리

일 년을 마무리하는 계절
언제나 웃음꽃 먼저 주던 그대
자고 나니 어디에도 보이지 않아
썰렁한 마음 가눌 길 없어 목이 메는데
그대 체취 느껴보려
함께하던 밥상머리에 앉아
일찍 온 멧쩍은 가을을 읽네

평시의 그대가 있는 듯
이런 저런 얘기 나누며
그대와 함께한 세월들
징검다리로 추억해 보며
설핏 그대의 생각을 마중하다가
그리움을 껴안아 보는 저녁 밥상머리
눈물이 먼저 밥을 먹네

생명

한 그루의 나무가 성장할 때까지
생명을 보존하기 위해
손짓 발짓 아우성으로
힘든 나날을 보내는 것을 우리는 모른다
수액이 부족하다고 양분과 온도와 습도가
자신을 생장시킬 수 없다고
부실한 이유를 통곡하는
그의 절규를 모르지

그의 몸을 만들기 위해
야성의 관능미로
우람하게 부활하는
그의 몸체를 언제 볼 것인가
능금꽃 필 때 모두가 하얗게 빛부실 때
햇볕의 양지를 만지며
한 옥타브 높게 노래 부르며
자연에 감사하는 그 마음
우리는 알기나 할까

노천혼탕

장산 자락을 마주한 싱크대 노천탕
한해의 끝자락에 홀로 남은 때밀이
저녁 먹고 혼탕에 몸을 담근다

때밀이의 손놀림에 따라 자신들과의
의지와 무관하게 알몸으로 뒤범벅이 되어
눈 감은 채 뛰어내려야 하는 운명
젓가락, 숟가락, 칼, 솥, 접시…
온몸의 고춧가루, 된장, 마늘 등
혼탁한 육체의 오물들
세정제로 말끔히 씻어 내린다

양보도 없이 좋은 자리 차지하려
격렬한 몸싸움으로 생긴 오해를
뜨거운 물로 풀며
가끔은 때밀이의 온정을 느끼며
알몸이 된 서로의 더불어 하는 삶 격려하며
하나의 이웃으로 거듭나는 노천혼탕

황룡 풍경구

황룡사 절은
에메랄드빛의 환상적인 연못으로
삼천사백개의 오채지와
석회암 연못으로 고목이 잠겨
기이한 풍경을 이루는 분경지와
육천 미터 높이의 민산의 주봉 설보정이
만년설로 정상을 덮고 있는
천상의 비경인데

삼천 육백 미터의 고산지대로
사람들은 알맞은 키의 산소통에 몸을 의지하며
사월을 우러르며
마치 신선이듯 의기양양한데
절기마다 시장이 서면
소수민족의 소통의 한마당이 되는
황룡 풍경구는 신神이 주신
현세의 신선경으로 경이롭다

어떤 가족모임

가족 누군가를 저승으로 보낸 피붙이들은
오륙도의 검푸른 파도가
바우에 부딪히며 울부짖는
오열 소리를 듣는다

그 애달픈 울음소리와 함께
생전의 모습에 복받치는 슬픔이 되어
눈물의 바다가 된 베네딕도홀*

이승의 마지막 사진들 보며
기약 없는 가슴앓이로 허공만 바라보다
사별 후 마음안의 병이 된
이심전심의 억울한 마음을
두개의 풍선으로 묶어 옥상 위에서
머나먼 세월과 시간을 기약하며
하늘나라로 띄우며
추모 미사로 생전의 님을 기리며
거룩한 감성으로 교감하는
그립고도 견고한 이승의 모임

* 부산 성모병원에 있는 홀 이름.

눈꽃

서로가 다른 하늘 아래서
한 가지로 가는 생각을 다듬으며
무언의 대화로
이 세상 가득 눈이 내리는구나
닿을 수 없는 체온으로
서로를 극진히 연민하며
못 잊을 추억들을 견인하며

오늘도 눈꽃으로 변신한
그대의 하늘나라의 소식을
한아름 들려주며
이리도 시시각각
방향을 묻고 가는 저 눈꽃은

호젓한 오솔길마다
한 마리의 새가 되어
뼈마디 시린 사연들로 앞서 가며
앙상한 나뭇가지에 매달려
이 겨울을 서럽게 서럽게
울고 있는 저 눈꽃은

빈 자리

비워 있는 것은 아름답다
누군가 그를 채워줄 그리움을
언제나 읽고 있기 때문이다
꼭이 그를 필요로 하는
임자가 있다고 생각하면
더욱 소중하고 넉넉해지는 마음
그가 와서 닿을 것을 기리며
내색하지 않고 시간을 보내고
그림자마저 사라진 별빛 하늘 보며
궁색한 하루를 견디어도
마음안의 소소한 웃음들
얼마나 아름다운가
여유만만한 세월을 긴요히 지키는
비워 있는 마음은
어떤 근심과 걱정도 능히 지킬
참한 그리움 아닌가
그를 만날 것을 생각하면

진주탄 폭포

너의 얼굴은 초승달 얼굴로
반짝이는 거대한 주렴 같구나
험준한 절벽의 겹겹한 단층 위에서
아래로 아래로 거세게 달려가는 너는
하얀 물방울들을 구슬로 꿰어차고
일측구 계곡에서 비취색으로
영롱한 보석들이 햇볕에 안겨
진주 알갱이로 광폭하게 쏟아지는구나

온몸을 휘감는 황홀함에
모두들 정신이 홀려
이승의 한마음이 되는구나
사랑의 연인들과
영욕을 함께한 부부들과
현시의 비경을 보는 인연들이
모두가 하나가 되는 이 시각 이 순간

가을이 가는 길목에서

낙엽을 보면
살아온 인생길이 언뜻 보인다
텅빈 가슴안의 공포와
그리움과 낭만도
갈바람 같이 속절없이 지난날도
이제 모두들 떠나는구나
하얀 방울꽃으로 피어나던
한 여인과의 사랑 맹세도
불러도 닿지 않는
이별 이후의 그리움도
이제 기약 없이 저무는구나
새들이 종알대는 아침을 건너
낭패한 내 마음의 의식을 떠나
한 시름을 건너는 울보같은 비애도
이제 모두들 떠나는구나

| 작품 해설 |

극진한 부부애와 인간과 자연을 접목시킨 서정시편

– 이채우 시인의 「이별 보기와 희망 찾기」

시인 崔 東 川

극진한 부부애와 인간과 자연을 접목시킨 서정시편

– 이채우 시인의「이별 보기와 희망 찾기」 –

시인 崔 東 川

시는 시인이 가지는 보편적인 인간 정서와 현재의 입지, 그리고 마음 안에 내재된 감성을 자연적 구도로 주체화하는 작업이다. 하나의 의미적인 삶의 요소들을 주지화하여 소극성을 극복하며 보다 다양한 시들의 면모로 목적의식을 가미한 인간애와 존재론의 상징성이 더불어 함께하는 일체성을 지녀야 한다는 뜻이다.

어느 날 문득 방향을 잃었습니다
눈 부릅뜨고 귀 열어 마음 채근해 보지만
나를 단속하는 의식과 교훈은
철옹성 같은 벽속에 감금되고
안과 밖을 분간 못하는 이 벽은
시간과 세월의 길을 한사코 내어주지 않습니다.

저 깊은 나무들의 숲에서도 봄은 올랑가
시간과 세월 지나면
그래도 그대와 함께한 이 세상

파랑으로 빛날랑가

지난 언어들이 스스로 말씀을 나누는 사이
통한의 눈물로 심신을 달래 보지만
살아야 할 이유와 존재의 의미는
도무지 찾을 길 없어
오늘도 잃어버린 지혜의 삶을 찾아
이별 같은 문장 하나를 지웁니다

———「이별 보기와 희망 찾기」 전문

이 시집의 표제어가 된 이 시는 현재의 시인의 마음과 일상과 더불어 정신이 함축되어 있는 시로 자못 심플simple하다. 이 시의 매개체가 된 1연과, 스스로 자위해 보는 환상 속의 로망인 2연과, 현재를 어쩔 수 없이 인정하고 마무리한 3연의 대별은 이해와 조율 그리고 결어가 가히 눈부시다.

다시 말하자면 어느 순간 극명하게 예고도 없이 도출되는 행복과 불행을 어쩌면 극복할 수 없는 한계와 처지의 원인과 편견을 실효성 있는 내용미와 주지로 환원시키고 있다. 못 잊을 사별한 그리움의 내자內子를 극명한 불행과 슬픔 속에서도 각고의 노력으로 자신을 추스르며 운명적 상황을 극복하는 안정미에 중점을 둔 미래지향적인 건강한 시로 홀로서기를 하는 시인의 모습이 참으로 애잔하다.

이를테면 고독과 방황, 외로움의 안중에서도 아름다움의 한때를 상기하며 새로운 자기를 일으키려는 시행들이 참으로 발군이다. 특히 2연 〈저 깊은 나무들의 숲에서도 봄은 올랑가/ 시간과 세월 지나면/ 그래도 그대와 함께한 이 세상/ 파랑으로 빛날랑가〉를 삽입하면서도 운명적 상황을 극복하려는 현실을 시의 중심에 둠으로써, 시의 주체를 규율하는 화두의 지향점을 찾아가는 과정을 하나의 독백체의 모놀로그monologue로 개연성을 부여한 것과 주지적 내용미를 상징적으로 표식한 시어들이 의미적 역할론으로 제 구실을 하고 있어 이 시의 맥점이 되고 있다. 그리고 사실에 근거한 한시적인 부부애의 주체를 영원한 자연에 대비한 2연은 참으로 압권이다.

양지와 음지
달빛 그림자에서도
필연으로 오는 운명 같은 거
제멋대로 친구가 되어
제 모양 모습 길게 늘이고 줄이며
때로는 오만한 자세로
때와 시간과 기회를 무시하고
신앙처럼 나와 함께하는 것

언제나 다소곳이 시간을 역류하며
더욱 또렷이 커지고
미미해지는 형체
이제 나 홀로 가는 게 외롭지 않아
속마음 겉마음 상관없이
바람과 달빛 구름
무시로 동행하며
일상을 함께하는 너는

———「그림자」 전문

형체만 있고 정신이 없는 이 그림자는 우리는 유형무형의 존재로 각기 별리를 가지는 문학적 이미지image로 많이 언급되었다. 양지와 음지는 언제 어디서든 존재한다. 날씨와 온도와 습도에 관계없이 그 형체는 우리가 인식하지 못하는 곳에서도 하나의 모양을 가진다. 전반부 8행과 후반부 8행을 거느린 이 시는 하나의 탐구적인 의미가 아니라도 어쩔 수 없는 마음과 정신의 교감에서 오는 물리적인 실체를 동기부여로 삼고 있는 특징성을 지닌다.

이를테면 낮과 밤, 보이는 곳과 보이지 않는 곳에서도 생활이 있고 하나의 삶이 존재하며 내용의 근원이 되는 모든 것이 우리가 모르는 사이 표식되고 있는 엄연한 현실을 언급하고 있는 어쩌면 유물론에 근거한 이 시는, 은연중 과거와 현재, 미래를 대안으로 삼은 시다. 화두는 사별한 부인에 대한 그리움이 주체가 되고 있다. 그러면서도 못 잊을 함께한 시절과 현재의 심정을 회자한 그리움이 중심이 되고 있는 이 시의 요체를 그림자로 표식한 시이다.

시행 중 1연의 〈운명 같은 거〉, 〈나와 함께하는 것〉, 그리고 2연의 〈무시로 동행하며〉, 〈일상을 함께하는 너는〉에서 보듯 삶의 모든 발생적인 모든 것을 함께하는 그림자로 동류의식을 명징짓고 있다. 방황적 삶을 감각적 혜안으로 유추하고 있는 이 시는 1연의 〈때와 시간과 기회를 무시하고/ 신앙처럼 나와 함께하는 것〉은 현재를 극복하려는 한계를 명시적으로 확신하며 선명한 심상을 구축하는 주안점을 둔 시행으로 평가 할 만하다.

절제와 압축으로 긴밀성을 지니는 전반부와 후반부가 가지는 은유metaphor는 정서적으로 부활하는 동적動的인 이미지도 함께하고 있어 더욱 변별력 있는 시로 거듭나고 있다.

오월의 잎새는 그리도 푸르더라
신록의 바람 더없는 희망으로
천지를 물들일 때
터질 듯한 심장 겨우 안정하며
그대를 이별하며

진달래꽃 곱디고운 선혈로
온 강산을 물들일 때
새까만 가슴의 모진 응어리 감내하며
그대를 먼저 보낼 때
차마 억장이 무너져

한점 바람의 곡절 많은 참사랑
울며불며 간직하며
고향의 도랑가 하얀 찔레꽃
활짝 무르익을 때
별꽃처럼 단장하고
꿈으로 환시하는 그대 보고지고

———「연리지 사랑」 전문

내자內子를 잃고 재앙적 순간을 맞는 우울한 상징성의 선명한 이미지 창출과 동기와 목적의식이 분명한 이 시는 생동감도 함께 지니고 있어 참으로 맑고 유려하다.

인간애적인 이 시는 놀랍게도 영상적인 의미도 가진다. 오월은 아마 부인을 사별한 계절인가 싶다. 그 푸른 녹음의 희망의 계절에 진달래꽃 곱디곱게 온 강산을 물들일 쯤 도랑가 하천의 찔레꽃 무르익을 때의 순차적 점층법으로 묘사한 시어들이 하나의 각별한 영상미를 지닌다. 3연의 이 시는 1연의 〈오월의 잎새는 그리도 푸르더라〉 2연의 〈진달래꽃 곱디고운 선혈로〉 3연의 〈고향의 도랑가 하얀 찔레꽃〉으로 매연을 꽃으로 시행의 중심적 요소로 삼은 특징성이 긍정적인 면모로 무한한 감동을 주고 있다.

그리고 매연 끝연의 〈그대를 이별하며〉, 〈차마 억장이 무너져〉, 〈꿈으로 환시하는 그대 보고지고〉는 마치 호격조사의 역할을 보듯 공시성共時性의 효과를 지녀 일미를 더하고 있다.

유연한 시적 이미지와 오월이란 계절, 그리고 꿈과 이상을 주는 시절을 암시성 있게 동기motive 부여를 함으로써 더욱 빛나는 시의 개성미를 지니고 있다.

이채우 시인은 남해 출신으로 풍경과 풍광 산경을 중심으로 한 자연 사랑이 유다른 것 같다. 특히 이 시의 대미의 3연의 결구인 〈꿈으로 환시하는 그대 보고지고〉는 참으로 절구이다. 비교적 쉬운 시어로 유화한 이 시는 우리 본연의 서정시의 정수를 보듯 빼어난 시로 가작이라 할 수 있겠다.

오늘도 빛의 출구를 향해
발걸음 놓는다
나무들에 포위된 어두운 오솔길을
오로지 적막과 침묵만을 동무하며
명상 안으로 오는 무아를 찾기 위해
인생의 물음표를 던지며
한사코 작은 길을 열어가네

오감에서 오는 외로움과 상실
다 내팽개치고

사랑과 인연으로 살아왔던 한세상
그윽이 간직하며 일어서리
튼실한 야생화의 뿌리들의 근육처럼
간간이 눈빛을 나누다가
날개 돋는 울음으로 솟구치는
저 새들의 비상처럼
처음의 꽃무늬로 부활하리

———「오솔길에서 희망을」 전문

시각적인 시에서 하나의 의미적 요소로 공감을 찾는 이 시는 현재를 탈출하여 새로운 미래 창출을 기하려는 의지력의 시로 보인다. 간결한 문체의 시어로 하나의 주지적 발상을 내용미로 완성하고 있다. 아시다시피 오솔길은 협소하고 사색적인 명상의 길이다. 인생을 의미하는 이 길에서 시인은 새로운 삶의 도약과 출구를 위해 스스로 물음표를 던지며 승부수를 띄우고 있다.

1연의 〈명상 안으로 오는 무아를 찾기 위해/ 인생의 물음표를 던지며〉가 바로 그것이다. 그리고 하나의 결정적 순간을 2연의 〈간간이 눈빛을 나누다가/ 날개 돋는 울음으로 솟구치는/ 저 새들의 비상처럼/ 처음의 꽃무늬로 부활하리〉에서 새로운 각오를 다지며 단안을 내리는 장면이 자못 경이롭다. 사실 우리 인생은 실패와 좌절, 실기로 때로는 스스로 본의 아니게 무너지는 과정을 가진다. 이때 이를 극복하는 자만이 또다시 자신의 목적을 이루는 심기일전의 기회를 가질 수 있는 것이다.

관념적, 논리적, 의지적 요소가 함묵된 이 시는 우리들 인생과 삶의 한 표준이 될 것이다. 1연은 현재의 자신을 탈피하려는 한 과정의 목적의식을, 2연은 새로운 각고의 노력으로 다시 도전하려는 극명한 의지의 한 표본을 여과 없이 표징하는 이 시는, 보편적으로 시가 지니는 형식적인 요소를 배제한 주제를 소화하는 여러 회자들이 독창성을 지님으로써 정신적 논리와 심리적 상황 전개를 이분법하고 있는 양면성의 시로 성공한 것으로 보인다.

> 강가 마실 그림 같은 집들
> 도레미…
> 집들은 음계따라 층층으로 올라가고
> 강물은 음표따라 층층으로 내려가고
> 마음은 미파솔…로 시위하고 있네
> 하늘과 땅
> 그리고 강과 어우러진 산경들
> 마을에는 고향 떠나
> 꿈 이룬 민초들이
> 웃음꽃 나룻배 타고 환시로 오는데
> 마실이 마치 악보처럼
> 강을 오르간 반주에 맞춰
> 높은 곳에서 낮은 곳으로 차례로 흐르며
> 솔라시도…
> 마실은 다시
> 낮은 곳에서 높은 곳으로 올라가며
> 도레미… 음표따라 자연과 어울려
> 한세상 한세월을 춤추는 강마을
>
> ───── 「강마을 풍경」 전문

발상과 구성이 독창성을 가지는 이 시는 하나의 자연과 조화를 이룬 풍광인 강마을을 도입한 맑고 유려한 시이다. 그리고 음계의 높이를 조율하며 풍경을 회자한 다양성에 매료되지 않을 수 없다. 어쩌면 외형률과 내재율에 특히 음위율을 가지게 함으로써 우선 신선미와 참신성을 가미한 시이다.

우리 가요의 음계인 '도레미파솔라시도'를 시상과 연계지은 이 시는 우선 마을과 강물의 흐름, 민초들과 세월을 각인시키며 삶과 풍경, 그리고 그리움과 바람을 자연적 구두와 시각적 이미지의 삶을 유화한 감성이 발효되고 있는 시이다.

이 시에서 하나의 표징으로 대단원으로 기억되는 것은 〈꿈 이룬 민초들이/ 웃음꽃 나룻배 타고 환시로 오는데/ 마실이 마치 악보처럼/ 강을 오르간 반주에 맞춰/ 높은 곳에서 낮은 곳으로 차례로 흐르며/ 솔라시도…〉이다. 여기서는 성공한 사람이 아닌 꿈과 이상을 위해 마을을 떠난 가상의 인물인 마을 사람들을 위한 희망적인 헌시인 것이다. 타고난 운명을 극복하며 자연 속에서 고통하며 또 다른 장밋빛 희망을 위해 고향을 떠나 금의환향하는 주체의 뿌리의 미학을 설정하는 위의 시행들은 자못 눈물겹다. 그러면서도 자연이 지키는 자신들의 강마을을 운명론으로 받아들이는 민초들의 깊은 향수가 자못 애잔한 시이다.

노스탤지어nostalgia의 서정성이 깊이 함묵된 시로 진실성을 가미한 꿈과 이상이 조율된 시로 평가할 만하다.

언제나 경계를 지키는
무연한 곡선은 아름답다
밤하늘과 별들과 강
그리고 은하수들 무리

날이면 날마다
무수한 별이 뜨고 지는 하늘과
영롱한 풀잎들의 이슬
만리 밖의 견우직녀는 오갈 수 없는데

우리들이 그리워하는 열애 같은 거
우주의 어디선가
별꽃으로 필랑가
오늘도 너의 몸짓으로 돌아오는
은하수 무리들 보고 있는 이승의 밤
——「은하수」 전문

곡선은 무연한 아름다움의 현재진행형이다. 어쩌면 꿈이요 이상이요 예술의 극치미이다. 여기서는 영원한 자연과 신화, 그리고 우주와 인간의 교감을 표징하고 있다. 간결한 시어와 순수한 감성 안에서 형성되는 정감 넘치는 서정적 발아가 이 시를 이끌고 있다. 상황적 인식이나 구도적 주체를 전면에 흐르는 휴머니즘humanism을 도입한 견우직녀가 이 시를 견인하는 역할론으로 시의적절한 주체가 되었다.

특히 3연의 〈우리들이 그리워하는 열애 같은 거/ 우주의 어디선가/ 별꽃으로 필랑가/ 오늘도 너의 몸짓으로 돌아오는/ 은하수 무리들 보고 있는 이승의 밤〉은 인간사랑과 자연사랑, 그리고 또 다른 삶의 진전을 탐미적 수사로 예고하고 있는 시행들로 2연과 함께 상관관계를 지님으로써 정신적 고뇌와 사유가 되는 고독감과 상실감을 치유하는 시행들로 호소력을 극대화하고 있어, 공감각적synesthetic으로 우리의 관습과 인습에 근거한 전통적인 향토미가 가미된 주정적인 역할론도 일조를

한 시로 평가하고 싶다. 즉, 인간과 자연, 우주를 이중적 화법으로 별개의 공간적 사유를 합일하는 주지를 가지는 과정에 감탄하지 않을 수 없다.

그리고 여러 사유로 고심하고 있는 자신의 현재를 복원하려는 시인의 튼실한 마음을 세분화함으로써 일부의 자연과 생활시를 접목시키는 데 성공하고 있다고 보아진다.

정녕 말이지
홀홀은 쓸쓸하고 외로운 것인가

해도 홀
달도 홀
지구도 홀
하느님도 홀
얼굴도 마음도 정신도 홀

그래서 나도 홀
어쩌면 이 세상
그 많은 홀홀도
정녕 표식나지 않게
모두들 홀홀로 잘들 살아갈까

———「홀홀 쓸쓸」 전문

어쩌면 시적 기법과 기교를 일부 변형시킨 풍자와 해학을 거느린 이 시는 타의에 의해서 실종된 운명적 사안을 기초로 어떠한 상황에서라도 결코 포기하지 않고 목표지향적인 삶을 살겠다는 동류의식을 주체화하고 있는 시로, 시의 기법을 무시한 공감각적인 화자를 거느림으로써 의도적으로 신선미로 승부하려는 시인의 안목이 표식된 이 시는, 일인칭 수사를 통하여 현재의 자신의 입지를 소박한 모티브를 통한 주안점을 둔 것이 효과 창출을 극대화하고 있다는 점이 독창성을 지닌다.

어쩌면 넋두리와 여한 같은 내용력을 응집하는 소통에 공감력에 보다 집중한 시로 보인다. 우리 사회는 주지하다시피 혼자가 일부가 되고 일부가 우리가 되는 더불어 함께하는 것이 삶의 이치요 생성의 근본이 아닌가, 쓸쓸하고 어쩌면 고독하고 외로운 자신을 소통의 미학을 가지려는 화두를 숨겨놓은 시인의 발상이 반복과 열거를 통한 시적 변화법이 점층법 형식으로 유화되고 있는 특징성을 주목하지 않을 수 없다.

의미적 회화적 요소가 융화된 이 시는 어쩌면 1인 가구가 증가 추세로 있는 현 사회를 간접 풍자하고 있는 의미적 요소도 함께 지니고 있어 현 시대상을 해학적 요소로 이끈 점이 눈에 띈다. 동어반복어 형식으로 우리의 관심과 흥미와 집중을 더하는 시로 발상의 근거와 전개가 수미상관의 형태로 이루어진 개성을 가감한 시로 발상력을 높게 사고 싶다.

빈 의자 하나
임자 없이 쓸쓸히 놓여 있다
어두운 표정의 나목들과
하루를 지나는 바람과
무엇의 대화와 시간을 챙길 뿐

오늘도 주인 잃은 빈 의자는
허무의 애간장을 끓여 놓고
짐짓 모른 체 딴청을 하고 있다

내 안 보는 사이 스스로 한 고독처럼
그림자로 앉아보다
스스로 놀자 깨어나다

그리하여 한 고요로 떠나보는
이별의 아픔을 되새기는
참으로 긴요한 시간
언뜻 창밖으로 떠나는 추억들 잡아보지만
오직 밤하늘의 공기 한 줌
그의 손안에 온기를 나눌 뿐

———「빈 의자」 전문

어쩌면 정제되지 않는 좀은 투박한 시처럼 보이지만 오히려 그 점이 더욱 현재의 시적 정서와 시인의 정신세계를 보다 면밀히 하는 응집력을 더한 존재론으로 비약시킨 이미지 표출로 소통의 미학을 가진다고 보아진다. 난해한 시어들을 불식하며 확고하고 단일한 의미를 우선으로 상황전개에 무게를 더하고 있는 시로, 주제와 소재를 함께한 시적 화자가 객관성과 주관성을 표준으로 이해와 정서를 순화시키는 절제된 표현미가 매우 탄력적인 요소를 가미한 시로 보인다.

'의자' 하나를 명시적으로 거론하며 세월과 시간대의 공감으로 분위기에서 오는 감정의 과정을 명징적으로 현재를 복원하려는 시인의 현재가 참으로 눈물겹다. 변화variation와 개연성probability에 초점을 맞춘 이 시는 1연과 3연의 연속성이 가지는 이미지와 2연 3연을 주목해 볼 일이다. 〈오늘도 주인 잃은 빈 의자는/ 허무의 애간장을 끓여 놓고/ 짐짓 모른 체 딴청을 하고 있다〉, 〈내 안 보는 사이 스스로 한 고독처럼/ 그림자로 앉아보다/ 스스로 놀라 깨어나다〉는 얼마나 무게와 높이,

깊이를 더한 시인가. 초지일관 하나의 주제를 중심으로 근접한 여러 소재들을 각기 주지적 개념으로 소통의 미학을 더한 시인의 탁월한 시적 역량에 오직 감탄할 뿐이다. 멋과 기교를 가미하지 않은 순수한 시어들을 조건반사적으로 이만큼 각인시킨 시인의 시적 높이와 깊이를 더한 이 시는 참으로 빼어난 가작이다.

비 오는 2월의 마지막 날
텅빈 허무의 가슴으로
결혼 21주년을 맞는다
우매한 정신은
자꾸만 잃어버린 우산을
추억처럼 펴보며
이미 눈물이 된 우동천川의
산책길을 나서는데
왜 이리도 나는 홀로일까
그리도 단단한 40여 년을
하나의 우리를 순식간에 허물며
나를 홀로 버려둔
신神의 실수는
몇 세기 지층 건너
아직도 귀속되지 못한
지구의 울음으로 그대를 달래고 있는가

———「잃어버린 우산」 전문

여기서 〈잃어버린 우산〉은 시인의 분신인 내자內子를 일컫는 의인화personification을 말함이다. 늘 사랑의 주체가 되고 일생을 함께 생활하며 서로의 믿음과 신뢰가 되는 사랑의 분신인 아내를 여읜 시인이 일상을 함께하며 사랑과 우의의 표징인 가까운 우동천川을 거닐며, 서로의 믿음과 존경을 더욱 돈독히 하는 실체가 된 곳을 의미화한 시로, 회상을 동기부여한 우산은 곧 하나의 전체인 이승을 떠난 아내를 상징함이다. 비연시로 환유법을 선호한 이 시는 40여 년을 함께한 결혼생활을 기리며 아직도 못 잊어 하는 여한을 시간적인 환유를 통한 비 오는 날을 함께 거닐며 이상과 꿈을 이야기하던 한 시절을 복원하며 지나온 날들을 재조명한 회고적 서정시이다.

홀로 남은 자조와 한탄을 언급한 시어들을 설정해 놓고 시행마다 앞의 시를 연계시키는 뉘앙스nuance가 지속적으로 이 시를 끌고 가는 모티브가 되고 있다. 직유와 은유가 혼재된 이 시는 후반부가 더욱 진실성의 시너지synergy 효과를 더하여 감명을 주고 있다. 〈하나의 우리를 순식간에 허물며/ 나를 홀로 버려둔/ 신神의 실수는/ 몇 세기 지층 건너/ 아직도 귀속되지 못한/ 지구의 울음으로 그대를 달래고 있는가〉 이는 이승과 저승에서 사랑과 못 잊을 그리움으로 텔레파시로 통하고 있는 부부의 정을 정연한 인간애와 호소력으로, 이 시의 일미를 더하고 있는 절묘한 타이밍의 시구이다. 유효한 시어들을 긍휼히 치밀하게 배치하여 시의 품격을 더욱 높이는 효과 창출을 보다 눈여겨보고 싶은 시로 평가할 만하다.

두 번째 시집을 상재하는 이채우 시인은 시적 표현미에서 오는 여러 상황과 변별력과 인식의 보기를 나름대로 규율하는데 하나의 일체성을 도모하는 정서적 순환과 균형감각을 지닌 시인으로 진일보했다고 믿어진다. 이제 그의 새로운 주안점이 표준이 되는 제3의 시집을 기대해 보고 싶다.

이채우 시집

이별 보기와 희망 찾기

인쇄일 | 2018년 5월 1일
발행일 | 2018년 5월 12일
지은이 | 이채우
펴낸이 | 최장락
펴낸곳 | 도서출판 푸른사
주　소 | 부산광역시 부산진구 부전로 35, 301호(부전동, 삼성빌딩)
전화 : (051)805-8002 팩스 : (051)805-8045
이메일 : doosoncomm@daum.net
출판등록 제329-2009-000010호

값 12,000원

ISBN 978-89-94839-21-9 03810

이 도서의 국립중앙도서관 출판예정도서목록(CIP)은 서지정보유통지원시스템 홈페이지(http://seoji.nl.go.kr)와 국가자료공동목록시스템(http://www.nl.go.kr/kolisnet)에서 이용하실 수 있습니다.(CIP제어번호 : CIP2018012959)